AF670894

Der Mensch im Kosmos

Dr. Paul Meyer

FSC
www.fsc.org
MIX
Papier aus verantwortungsvollen Quellen
Paper from responsible sources
FSC® C105338

Bibliografische Information der Deutschen Nationalbibliothek
Die Deutsche Nationalbibliothek verzeichnet diese Publikation in der Deutschen Nationalbibliografie; detaillierte bibliografische Daten sind im Internet über http://dnb.dnb.de abrufbar.

Herstellung und Verlag: BoD – Books on Demand, Norderstedt
Gestaltung, Satz und Illustrationen: Sabine Lachnit
Schriften: Minion Pro, Montserrat, Montserrat Alternates
Papier: Cremeweiss 90 gsm
ISBN: 978-3-7519-5917-9

Ich danke meiner Frau und meinen Kindern
für die tatkräftige Mithilfe bei der Fertigstellung
des Manuskriptes.

Das Buch widme ich meinem Enkel Paul.

Vorwort

Mit dem Urknall entstand der Kosmos. Raum, Zeit und Materie. Der zufällige Abstand der Erde zur Sonne ermöglichte, dass sich auf der Erde Wasser und darüber eine schützende Atmosphäre bildeten: Die Voraussetzung für Leben. Aus dem auf der Erde entstehenden Leben entwickelte sich der Mensch mit seiner bewegten Geschichte und der Vielfalt seiner Kulturen.

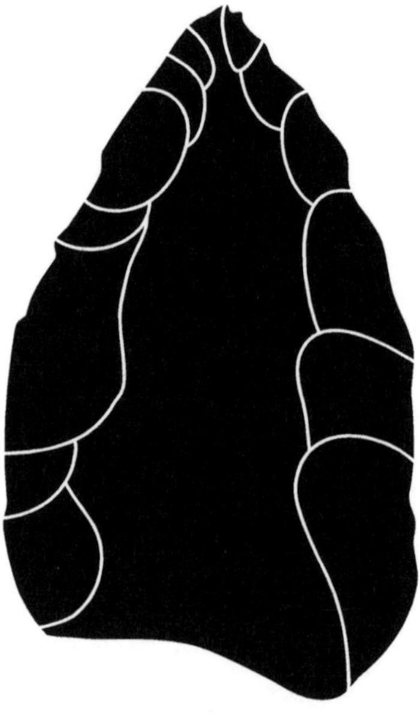

Der Mensch

Die Erde als Planet des Lebens

Bei ihrer Entstehung war die Erde unbelebt. Später muss aus unbelebter Materie Leben entstanden sein. Es heißt, die ersten Lebewesen auf der Erde waren Bakterien.

Dann müssen sich Land- und Wasserpflanzen entwickelt haben. Aus der Zeit vor mindestens 475 Millionen Jahren stammen die ersten Nachweise von Landpflanzen. Man nimmt an, dass es sich dabei um Moorpflanzen handelte.

Das Leben der Tiere begann offenbar im Wasser. Der erste Fisch war wahrscheinlich ein Tier, das schon ein Rückenmark besaß aber kein Gehirn. Vor ungefähr 440 Millionen Jahren kam das Leben aus dem Wasser ans Land. Den Übergang bildeten Amphibien, die im Wasser und an Land leben, sich aber nur im Wasser fortpflanzen.

Vor rund 235 Millionen Jahren bis rund 66 Millionen Jahren war die Zeit der Dinosaurier und anderer Landwirbeltiere, die ausgestorben sind. Das menschliche Leben begann nach heutiger Auffassung mit der Aufspaltung der Vorfahren der Schimpansen und Menschen vor etwa 5 Millionen Jahren.

Inzwischen hat die Erde sich verändert und die Menschen sind andere geworden. Für das Leben auf der Erde von Bedeutung ist zunächst einmal ihr Abstand von der Sonne. Der beträgt fast 150 Millionen Kilometer. Dabei hat die Erde am Äquator einen Durchmesser von 12.742 Kilometern, dagegen gemessen zwischen Nordpol und Südpol von nur 12.714 Kilometern. Die Pole sind also leicht abgeflacht. Die Sonne selbst hat einen Durchmesser von 1,4 Millionen Kilometern, ist also etwa 100 mal so groß wie die Erde. Diese rein zufälligen Größen und Abstände sind deshalb von Bedeutung, weil schon eine kleine Abweichung davon ein Leben auf der Erde unmöglich machen würde. Wäre die Erde etwa fünf Prozent näher an der Sonne, würde alles Wasser verdampfen. Wäre die Erde weiter weg, wie der Planet Mars, wäre sie erkaltet. Aber keine Angst, die Verhältnisse sind seit rund 4,6 Milliarden Jahren stabil.

Weiter von Bedeutung für das Leben auf der Erde ist die Materie, aus der sie besteht. Ihre Oberfläche besteht zu 70 Prozent aus Wasser: Der blaue Planet. Die schützende Hülle ihrer Atmosphäre besteht zu 20 Prozent aus Sauerstoff, zu 78 Prozent aus Stickstoff und zu 2 Prozent aus anderen Gasen. Im Zentrum der Erde

1

2

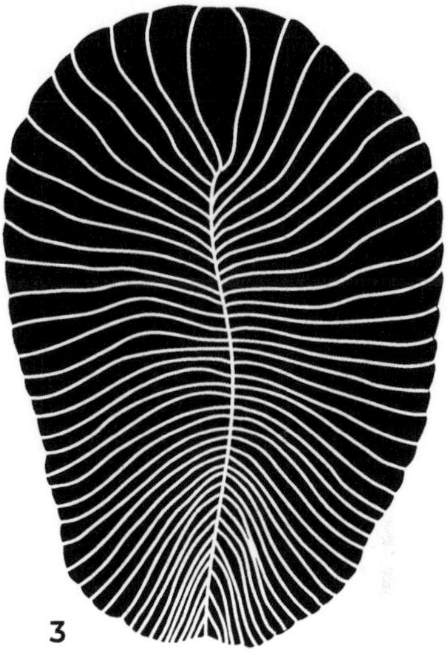

3

1 *Die Erde mit Urkontinent Pangea* **2** *Cooksonia, fossile Pflanzengattung, die bis zu 6,5 Zentimeter hoch wurde.* **3** *Dikinsonia, Gattung ausgestorbener Tiere, zw. 4 Millimeter und 1,40 Meter groß, dabei nur wenige Millimeter dick. Die meisten hatten eine ovale Form.*

ist ein fester Kern hauptsächlich aus Eisen und Nickel. Ihm folgt eine flüssige Schicht hauptsächlich aus Eisen. Darüber liegt die Schicht des Erdmantels und darüber die Erdkruste. Diese teilt sich in Kontinentalplatten, an deren Grenzen Erdbeben, Überschwemmungen und Vulkanausbrüche entstehen können.

Schließlich sind für das Leben auf der Erde Bewegungen in unserem Sonnensystem bedeutsam. So dreht sich die Erde alle 24 Stunden um sich selbst und umkreist in 365 Tagen einmal die Sonne. In 27,3 Tagen umrundet der Mond einmal die Erde. In der gleichen Zeit dreht er sich auch einmal um seine Achse und wendet deshalb der Erde immer die gleiche Seite zu. Die Rotationsachse der Erde ist relativ zur Umlaufbahn um die Sonne um etwa 23,4 Grad geneigt. Die Neigung der Erdachse bewirkt, dass es Frühling, Sommer, Herbst und Winter gibt. Dabei werden im Wechsel von Nordhalbkugel und Südhalbkugel der Erde die Tage im Sommer länger und im Winter kürzer.

Die Erde ist bisher der einzige Planet, auf dem Leben nachgewiesen wurde: Der Planet des Lebens.

Die Menschwerdung war kein eindeutiger Evolutionsschritt

Vor rund 4 bis 2 Millionen Jahren lebte die ausgestorbene Gattung des Vormenschen Australopithecus. Der Name ist abgeleitet von lateinisch australis (südlich – nach seinem ersten Fundort in Südafrika) und von griechisch pithekos (Affe). Er konnte aufrecht gehen, bewegte sich aber noch bevorzugt auf allen Vieren. Weitere Funde gab es in Ostafrika und

Zentralafrika. Der Australopithecus war etwa 1,2 Meter groß und wog rund 35 Kilogramm. Sein Gehirn war etwa dreimal kleiner als das des Menschen. Er lebte im Wald auf Bäumen von Blättern, Wurzeln, Früchten und Nüssen.

Berühmt wurde „Lucy“, die vor über 3 Millionen Jahren in Äthiopien lebte. Von ihr konnten wesentliche Teile ihres gut erhaltenen Skeletts untersucht werden. Die ihres Beckens zeigt, dass sie weiblich war. Von ihren Zähnen war abzulesen, dass sie mit etwa 20 Jahren starb.

Vor etwa 2,1 bis 1,5 Millionen Jahren lebte die ebenfalls ausgestorbene Gattung des Urmenschen Homo habilis (lateinisch: geschickter Mensch). Er hat erstmalig mehrere Arten einfache Steinwerkzeuge zum Schneiden von Fleisch und Pflanzen hergestellt. Es wird vermutet, dass er bereits Gemeinschaften plante und organisierte. Der Homo habilis stammte aus Ostafrika. Seine Beinknochen weisen darauf hin, dass er sich gewohnheitsmäßig auf zwei Beinen bewegte. Er war etwa 1,45 Meter groß, noch kein Jäger, sondern wohl eher als Sammler tätig. Seine Nahrung waren überwiegend Pflanzen.

Vor etwa 1,9 Millionen Jahren bis vor vielleicht 40.000 Jahren lebte der Frühmensch Homo erectus (lateinisch: aufgerichteter Mensch). Er konnte als erster wie ein moderner Mensch gehen und mit seinen langen Beinen auch größere Strecken überwinden. Die meisten Fossilfunde wurden in Nord- und Ostafrika gemacht: Die „Wiege der Menschheit“. Weitere Fossilien wurden in Europa und beispielsweise in China und Indien gefunden. Der Homo erectus besaß viele

4 *verschiedene Faustkeile*

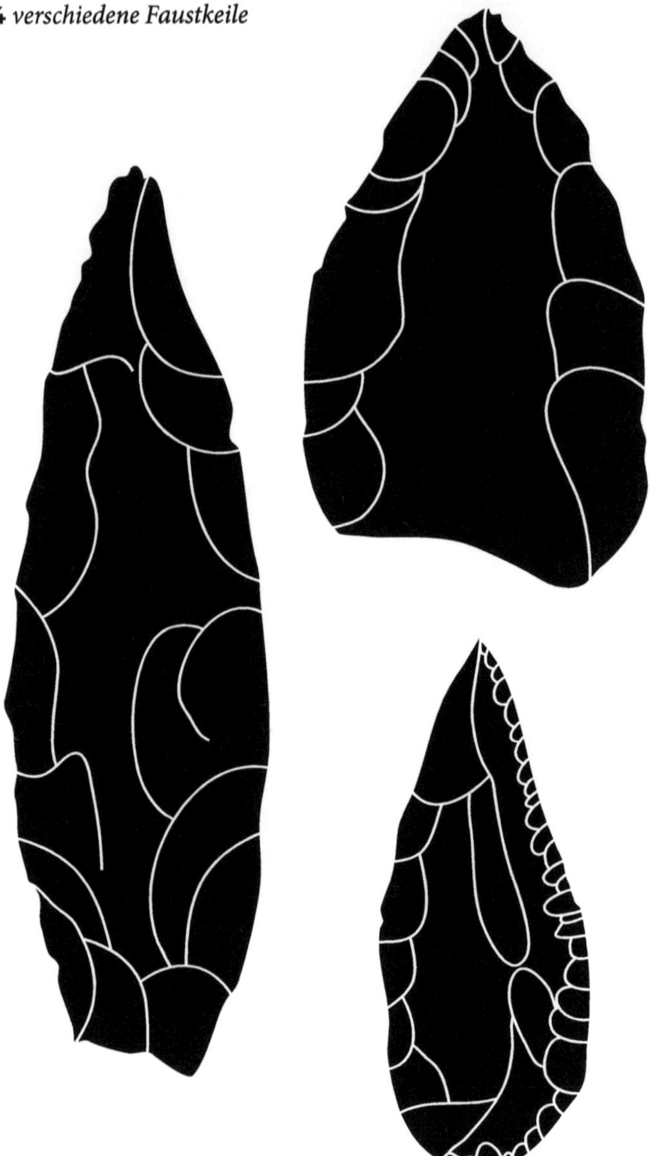

Werkzeuge. Das prägende Werkzeug seiner Zeit war der Faustkeil in seinen je nach Verwendungszweck unterschiedlichen Formen. Als erste Gattung beherrschte der Homo erectus das Feuer zum Wärmen und zur Speisenzubereitung. Er war Jäger und Sammler. Seine Nahrung waren Früchte, Wurzelgemüse und Fleisch. Der Homo erectus war 1,4 bis 1,8 Meter groß und wog 50 bis 70 Kilogramm.

Vor etwa 200.000 Jahren bis vor rund 30.000 Jahren lebte der Neandertaler. Diverse Knochen und Knochenfragmente von ihm wurden 1856 erstmals im Neandertal bei Düsseldorf entdeckt. Dann gab es weitere Fundorte im Nahen Osten und in Zentralasien. Durch seinen muskulösen Körperbau, seine massiven Knochen und die Wülste über seinen Augen unterschied er sich schon rein äußerlich von den anderen menschlichen Arten, deren Lebenszeiten sich mit der seinen überschnitten: Homo erectus und Homo sapiens.

Der Homo sapiens (lateinisch: Der kluge/weise Mensch) ist der moderne Mensch. Er lebt ebenfalls seit etwa 200.000 Jahren. Auch er kam aus Afrika, besiedelte zunächst den Nahen Osten und danach den Rest der Welt. Der Homo sapiens zeigte sich in der Lage, im Team zu jagen. Seine Fähigkeit zur Kooperation sicherte ihm das Überleben. Vom Sammler und Jäger entwickelte er sich weiter zum Ackerbauer und Viehzüchter. In den Familien und Sippen entwickelte sich eine Arbeitsteilung zwischen dem Mann, der hinaus aufs Feld und auf die Jagd ging, und der Frau, die sich um die Kinder, das Feuer und die Speisenzubereitung kümmerte. Eine offene Frage ist, wie und wann die Entwicklung der menschlichen Sprache begann.

5 *Evolution des Menschen am Beispiel des Schädels* **A – Australopithecus** *(südlicher Affe; vor rd. 4 bis 2 Mio. Jahren) Der Vormensch: konnte aufrecht gehen, bewegte sich aber bevorzugt auf allen Vieren; lebte in Ost- und Zentralafrika im Wald und auf Bäumen.* **B – Homo habilis** *(geschickter Mensch; vor etwa 2,1 bis 1,5 Mio. Jahren) Der Urmensch: stellte erstmalig versch. Arten einfacher Steinwerkzeuge her. Stammte aus Ostafrika. Bewegte sich gewohnheitsmäßig auf zwei Beinen; als Sammler tätig.* **C – Homo erectus** *(aufgerichteter Mensch; vor etwa 1,9 Mio. bis ca. 40.000 Jahren) Der Frühmensch: konnte gehen und größere Strecken überwinden. Fossilfunde in Nord- und Ostafrika, Europa, China, Indien. Jäger und Sammler; beherrschte als erster das Feuer.* **D – Neandertaler** *(Vor etwa 200.000 bis vor rd. 30.000 Jahren) Erste Knochenfunde im Neandertal bei Düsseldorf. Weitere Fundorte: Naher Osten, Zentralasien. Muskulärer Körper, Wülste über den Augen.* **E – Homo sapiens** *(kluger od. weiser Mensch; seit etwa 200.000 Jahren) Der moderne Mensch: besiedelte aus Afrika kommend den Nahen Osten, danach den Rest der Welt; überlebte als einzige menschl. Art durch die Fähigkeit zur Teamarbeit und Kooperation, bei der das Gemeinschaftsinteresse im Vordergrund steht.*

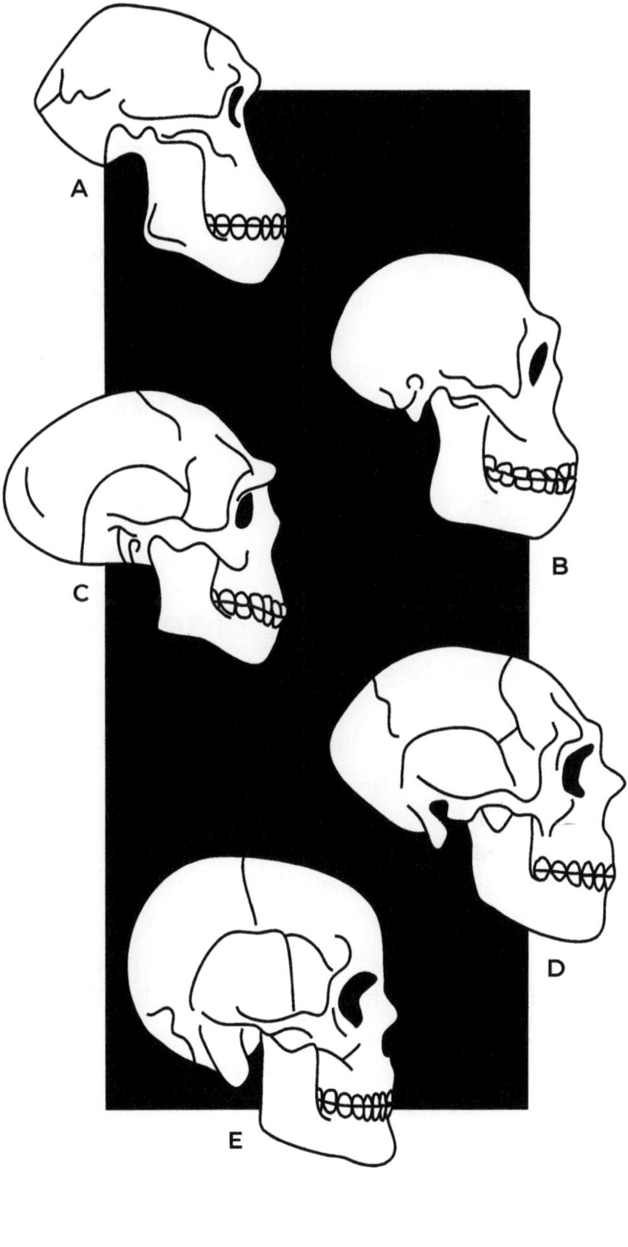
A
B
C
D
E

Schon der Homo erectus beherrschte das Feuer und ging auf die Jagd. Wir können allenfalls vermuten, dass dabei die Verständigung außer durch Gebärden auch durch die Stimme erfolgte. Heute gibt es weltweit zwischen 6.500 und 7.000 Sprachen. Der Grund für die hohe Zahl ist die Tradition kleiner Dorfgemeinschaften. Doch die Zahl wird kleiner beispielsweise durch Vertreibungen. In manchen Ortschaften geht auch durch Zuzüge und Eingemeindungen die örtliche Sprachtradition allmählich verloren.

Charles Darvin (1809 – 1882) veröffentlichte 1871 sein Buch über die Abstammung des Menschen. Er betonte die Einheit des Menschen als eine einzige Art und wandte sich strikt dagegen, Menschenrassen als unterschiedliche Arten anzusehen. Die Menschheit, das sind alle Menschen dieser Welt.

Veränderungen der Erde durch den Menschen

Seit es Menschen gibt, hat der Mensch die Erde verändert. Er betrieb Feuerstellen, verbrannte Holz und breitete sich schrittweise über die Erde aus.

Die ersten Umweltschäden wurden durch die Natur schnell wieder ausgeglichen. Auch waren sie nicht so umfangreich, weil es noch nicht so viele Menschen gab: Zur Zeit der Antike waren es 100 bis 300 Millionen Menschen. Zum Vergleich: Die Weltbevölkerung umfasste im Jahr 2017 rund 7,6 Milliarden Menschen. Nach Schätzungen der Vereinten Nationen (UN) soll sie bis 2050 auf 9,8 Milliarden Menschen anwachsen.

Vor allem für den Bau von Schiffen, aber auch für den Bau von Hausanlagen war Holz der Rohstoff der Antike. Dabei waren die Menschen der Natur noch unmittelbarer verbunden als wir es heute sind. Es war ihnen bewusst, dass der Boden nach umfangreichen Abholzungen sich nicht mehr mit Hilfe von Niederschlägen auf natürliche Weise regenerieren konnte.

Seit der Entstehung der Erde gab es immer wieder klimatische Veränderungen. Kältere und wärmere Perioden wechselten einander ab. Wenn aber heute von Klimawandel die Rede ist, dann ist damit die vor rund 150 Jahren mit der Industrialisierung einsetzende globale Erderwärmung gemeint. Sie geht selbstverständlich allein auf das Konto der Veränderungen der Erde durch den Menschen. Wo Waldflächen schrumpfen, breiten Wüsten sich aus. Der Mensch gefährdet das Klima, indem er Energie verbraucht. Wenn Energie durch Verbrennung von Kohle, Öl und Gas erzeugt wird, entsteht Kohlendioxid (CO_2). Bei der Viehhaltung entsteht Methan. Beide Gase beschädigen die Atmosphäre, die eine Schutzhülle um unsere Erde bildet. Die Schutzhülle schützt uns vor zu viel Wärme durch Sonneneinstrahlung. Es geht heute darum, in allen Teilen der Welt die vom Menschen gemachte Erderwärmung zu stoppen. Zu den Mitteln dazu gehört der Einsatz von mehr Solarenergie, Wind- und Wasserkraft. Auf den Klimakonferenzen der Vereinten Nationen (UNO), dem Bund fast aller Staaten der Erde, ringen Politiker um Lösungen.

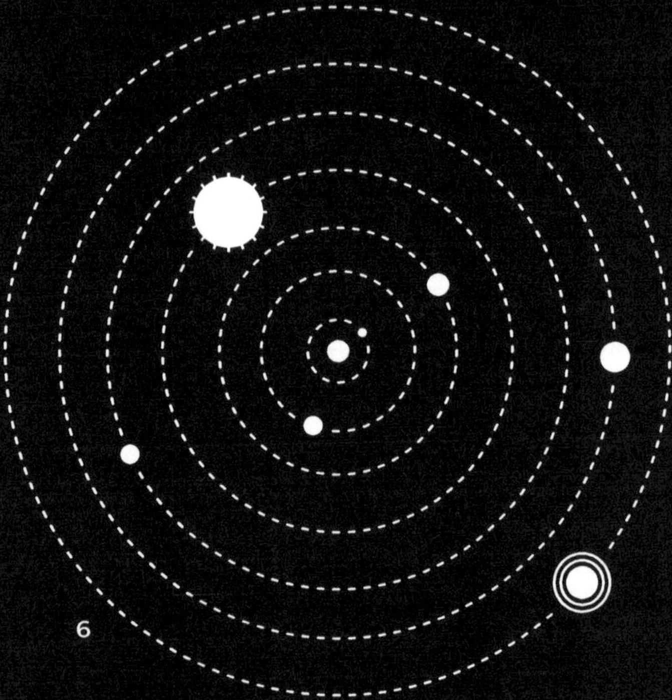

6

Die Weltbilder des Menschen im Laufe seiner Geschichte

Aristoteles (384 – 322 v. Chr.) sah die Erde noch als Zentrum des Kosmos: Geozentrisches Weltbild. Dabei hat er schon erkannt, dass die Erde eine Kugelform hat. Ihm war aufgefallen, dass Seefahrer, die sich – gleich von welcher Seite – einer Insel näherten, immer zuerst die Baumspitzen, dann die ganzen Bäume und schließlich den Inselstrand sahen. Das geozentrische Weltbild wurde später auch als „Ptolemäisches Weltbild" bezeichnet nach Claudius Ptolemäus (geboren um 100, gestorben etwa 160 n. Chr.), einem griechischen Mathematiker, Astronomen und Philosophen.

Dem geozentrischen Weltbild gegenüber steht das heliozentrische Weltbild: Danach steht die Sonne im Zentrum des Kosmos und die Erde bewegt sich um die Sonne. Dieser Gedanke stammt keineswegs erst aus jüngster Zeit. Erstmals nachgewiesen wurde er bereits in altindischen Schriften aus dem 9. bis 8. Jahrhundert vor Christus.

In der Neuzeit beschrieb das heliozentrische Weltbild erstmals Nikolaus Kopernikus (1473 – 1543). Er arbeitete über Jahrzehnte daran, veröffentlichte seine Arbeit aber erst im Jahr seines Todes.

Der italienische Mathematiker, Physiker und Astronom Galileo Galilei (1564 – 1642) baute 1609 ein Teleskop, mit dem er den Mond beobachtete, dessen Oberfläche er als erster beschrieb. Die Astronomie verdankt ihm zahlreiche Hinweise. Er wurde der falschen Lehre beschuldigt, dass die Sonne in der Mitte des Kosmos stehe und die Erde sich bewege. Der

Legende nach soll Galilei, nachdem er vorher dem heliozentrischen Weltbild öffentlichen abschwören musste, beim Verlassen des Gerichts gemurmelt haben: „Und sie bewegt sich doch."

Der englische Naturforscher Sir Isaac Newton (1642–1726) zählt zu den bedeutendsten Wissenschaftlern der Geschichte. Er legte den Grundstein für die klassische Mechanik und ist bekannt für seine Leistungen auf dem Gebiet der Optik. Er verband Überlegungen Galileo Galileis zur Beschleunigung, Forschungen Johannes Keplers zu Planetenbewegungen und Forschungen von René Descartes zum Trägheitsproblem zu einer Theorie der Gravitation.

Die Aufhebung der zentrischen Weltbilder ergab sich erst aufgrund der Erkenntnisse der modernen Kosmologie.

6 *Geozentrisches Weltbild nach Aristoteles* **7** *Heliozentrisches Weltbild nach Kopernikus*

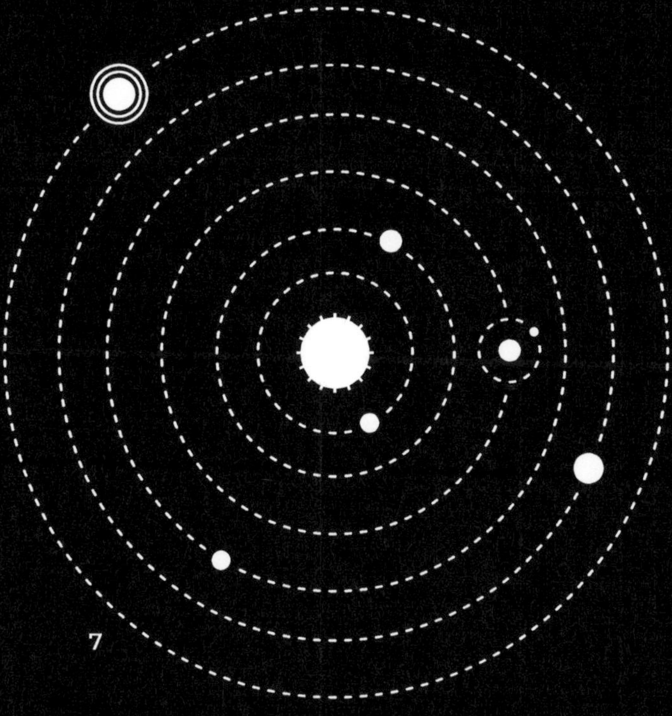

7

Im Kosmos

Unmittelbar vor und nach dem Urknall

Mit dem Urknall entstand vor rund 14 Milliarden Jahren der Kosmos: Vor dem Urknall gab es davon noch nichts. Wir können das mit einem Lebewesen vergleichen: Bevor es zu leben beginnt, gibt es das Lebewesen noch nicht. Seine Lebenszeit und sein von ihm wahrgenommener persönlicher Lebensraum beginnen erst mit dem Leben. Für den Kosmos beginnen Raum und Zeit erst mit dem Urknall. Die Physik als Grundlage der Kosmologie kann die Frage, was vor dem Urknall war, nicht beantworten.

Was aber geschah unmittelbar nach dem Urknall? Zum Zeitpunkt von etwas weniger als 4 Milliardstel Sekunden nach dem Urknall betrug die Temperatur

1 Milliarde Billionen Billionen Grad Celsius. Eine Millionstel Sekunde nach dem Urknall war der Kosmos so groß wie eine Erbse. Die Temperatur sank auf 10 Tausend Billionen Billionen Grad Celsius.

Es gab noch keine Materie. Ohne Materie ist auch kein Schall möglich. Es herrschte also völlige Stille. Woher kommt dann aber der Begriff Ur-Knall? Er stammt von dem britischen Astronom, Mathematiker und Schriftsteller Sir Fred Hoyle (1915 – 2001). Der nannte den Beginn des Kosmos „Big Bang" in Anlehnung an „Big Ben", den Namen der großen Glocke im Uhrturm am House of Parliament, einem der wichtigsten Wahrzeichen Londons. Hoyle lehrte von 1945 bis 1973 an der Universität Cambridge Theoretische Astrophysik, Astronomie und Experimentelle Philosophie. Die verblüffende Originalität seiner Ideen war weltweit bekannt. Seine Bezeichnung „Big Bang" für den Urknall war indessen nicht ernst gemeint. Hoyle widersprach der Theorie eines plötzlichen Anfangs des Kosmos aus dem Nichts. Gemeinsam mit Hermann Bondi und Thomas Gold vertrat er die Auffassung, dass der Kosmos sich in einem Zustand der Gleichförmigkeit befinde (Steady State-Theorie). Dem gegenüber stand die Entdeckung durch Edwin Hubble im Jahr 1929, dass der Kosmos sich ausdehnt. Der Abé Georges Lemaitre (1894 – 1966), belgischer katholischer Theologe und Astrophysiker, Leiter der Päpstlichen Akademie der Wissenschaften, schlug die Hypothese des Urknalls vor. Er ging davon aus, dass der Kosmos, je weiter man ihn zeitlich zurückverfolgt, immer kleiner und dichter gewesen sein muss.

Die Zeit danach

Im Anschluss an die erwähnten Phasen unmittelbar nach dem Urknall folgte noch die so bezeichnete „Phase der Inflation“: Der Kosmos vergrößerte sich auf einen Durchmesser von fast 76 Billionen Kilometern. Die Temperatur sank auf Eintausend Billionen Billionen Grad Celsius.

100 Sekunden nach dem Urknall hatte der Kosmos eine Temperatur von 1 Milliarde Grad Celsius. Es bildeten sich aus Teilchen erst leichte Atome.

Etwa 400.000 Jahre nach dem Urknall war der Kosmos noch rund 3.000 Grad Celsius heiß und damit so weit abgekühlt, dass sich aus Teilchen, Protonen und Elektronen, beständige Atome bildeten. Der Kosmos wurde durchsichtig. 100 Millionen Jahre nach dem Urknall leuchteten die ersten Sterne. Und 1 Milliarde Jahre nach dem Urknall schlossen sich immer mehr Sterne zu Galaxien zusammen.

Woher wissen wir das alles? Die wichtigste Grundlage unserer Kenntnisse war zweifellos die Entdeckung von Edwin Hubble im Jahr 1929, dass der Kosmos expandiert. Keine andere Entdeckung bedeutete für die moderne Kosmologie einen solchen Durchbruch.

Die nächste große Entdeckung war die der kosmischen Hintergrundstrahlung. Sie wurde schon von dem russischen, später in den USA tätigen Physiker George Anthony Garnow 1948 vorausgesagt – 16 Jahre bevor sie entdeckt wurde.

1964 entdeckten die beiden amerikanischen Physiker Robert Wilson und Arno Penzias die kosmische Hintergrundstrahlung durch einen Zufall. Sie wollten

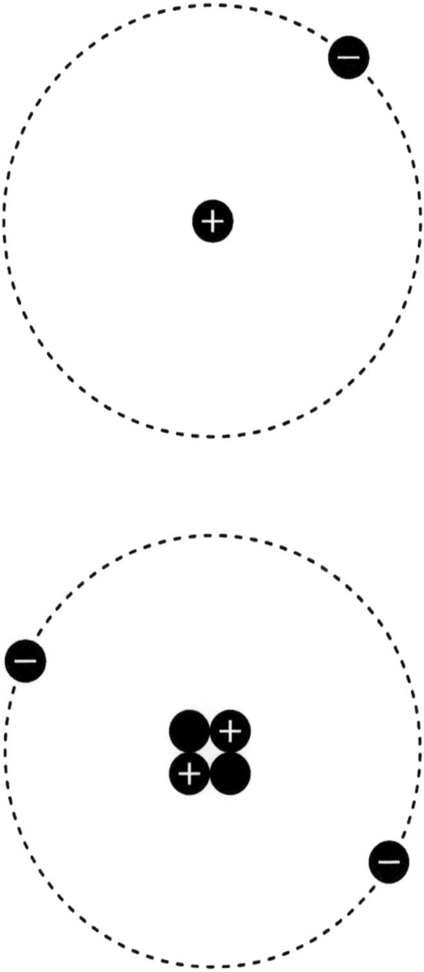

8 *Wasserstoff und Helium, die ersten Atome*

9 *Raumfahrtmission Apollo 11, Trennung der Mondlandefähre "Eagle" vom Raumschiff „Columbia"*

eigentlich Radiowellen in unserer Galaxie, der Milchstraße erforschen. Dabei hörten sie ein störendes Rauschen, das aus jeder Richtung kam. Nachdem sie alle Möglichkeiten von Störungen aus der Nähe ausgeschlossen hatten, stand fest: Die Hintergrundstrahlung ist eine Strahlung aus dem Hintergrund der Galaxien und eine zusätzliche Bestätigung für den Anfang des Kosmos.

Die Erkundung des Kosmos fand im Jahre 1969 einen weiteren Höhepunkt: Im Rahmen des amerikanischen Apollo-Programms betraten Neil Armstrong und Buzz Aldrin als erste Menschen den Mond. Bei ihrer Rückkehr auf die Erde brachten sie Proben von Mondgestein mit. Danach gab es fünf weitere Mondlandungen. Insgesamt haben zwölf amerikanische Astronauten im Rahmen der Apollo-Mission den Mond betreten.

Aber auch auf der Erde wurde die Beobachtungstechnik ständig verbessert. Die Teleskope wurden immer größer. Das größte erdgebundene Teleskop in der trockenen chilenischen Atacama-Wüste hat einen Hauptspiegeldurchmesser von fast 40 Metern.

Schließlich wurde der Urknall im Labor nachgebildet: Am Teilchenbeschleuniger am CERN im Kanton Genf in der Schweiz werden in einer 27 Kilometer langen kreisförmigen Röhre Teilchen auf fast Lichtgeschwindigkeit beschleunigt. Nach mehreren Beschleunigungsrunden werden sie dann an bestimmten Stellen aufeinander geschossen. Die dabei erzeugten Energien entsprechen den Bedingungen zum Zeitpunkt von einer Millionstel Millionstel Sekunde nach dem Urknall. Temperatur: 10 Billionen

Billionen Grad Celsius. Im Jahre 2008 wurde am CERN ein neuer Teilchenbeschleuniger in Betrieb genommen.

Die Entstehung unseres Sonnensystems, der Erde und der anderen Planeten

Von den schätzungsweise rund 200 Milliarden Galaxien im Kosmos ist die Milchstraße die Heimatgalaxie unseres Sonnensystems. Ihr Name rührt daher, dass sie nachts bei klaren Sichtverhältnissen als heller Streifen erscheint. Die Milchstraße besteht aus etwa 100 bis 300 Milliarden Sternen. Einer davon ist unsere Sonne. Alle Sterne sind Sonnen. Zu unserem vor rund 4,6 Milliarden Jahren entstandenen Sonnensystem gehören Planeten, Monde, aber auch Meteore, die als Sternschnuppen in der Sonne verglühen.

Bei der Entstehung unseres Sonnensystems torkelte unsere Erde noch durch den Raum unserer Galaxie. Sie war kahl und unförmig. Durch den fortgesetzten Einschlag umherfliegender Gesteinsbrocken wurde eine extreme Hitze erzeugt. Die Erde raste viel

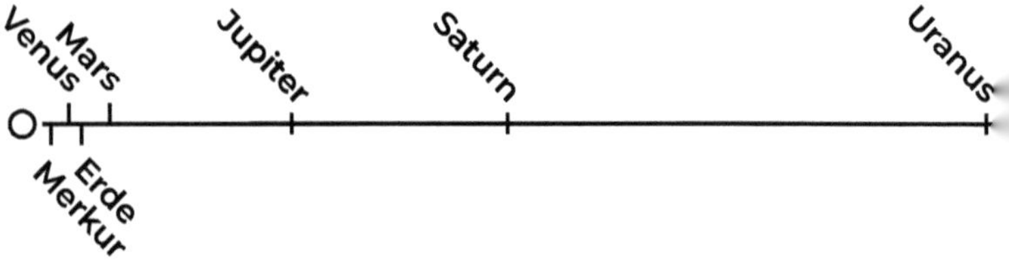

schneller als heute um die Sonne. 70 Millionen Jahre nach dem ersten Aufleuchten unserer Sonne kam es zu einer Kollision: Mit etwa 36.000 Kilometer pro Stunde krachte ein massiger Brocken schräg in unsere Erde und riss ein Stück des Erdmantels mit sich. Zum Glück hat unser Planet den Aufprall knapp überlebt.

Mit der Erde entstanden auch die anderen Planeten unseres Sonnensystems. Die Planeten Merkur, Venus, Erde und Mars im inneren Teil des Sonnensystems bestehen aus fester Materie. Die Erde wird von einem Mond umkreist, der Mars von zwei Monden. Die Planeten Jupiter, Saturn, Uranus und Neptun werden Riesenplaneten oder auch Gasplaneten genannt. Sie haben keine feste Oberfläche und werden von vielen Satelliten umkreist. Am weitesten von der Sonne entfernt ist schließlich noch der aus Gestein bestehende Zwergplanet Pluto.

Man kann unsere Sonne und ihre Planeten leider nicht maßstabsgetreu in einem Bild darstellen. Zum einen beträgt der Durchmesser der Sonne mehr als das Hundertfache des Erddurchmessers. Und zweitens passen zwischen Erde und Sonne mehr als einhundert weitere Sonnen.

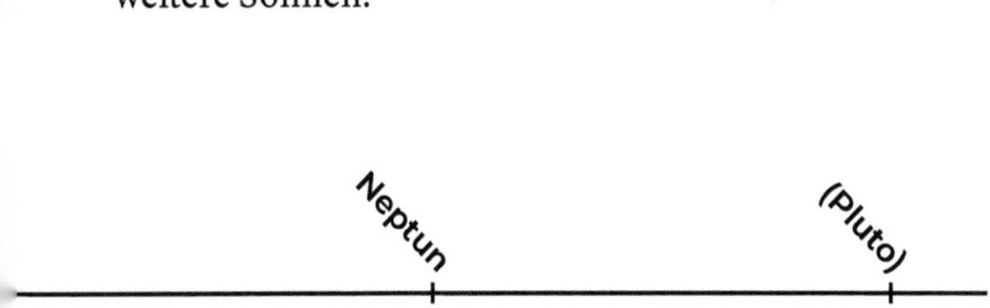

10 *Maßstäbliche Darstellung der Abstände der Planeten zur Sonne. Maßstab: ⊢⊣ 1 AE (149,6 mio. km)*

11 *Größenordnungen der Planeten: Nach ihrem Abstand zur Sonne* **A** *(1.392.700 km Durchmesser) werden – getrennt durch den Asteroidengürtel* **F** *– die inneren und äußeren Planeten unterschieden:*

		Abstand zur Sonne *in Mio. km*	**Durch-messer** *in km.*
B	*Merkur*	57,9	4.879
C	*Venus*	108,2	12.103
D	*Erde*	149,6	12.735
E	*Mars*	227,9	6.772
G	*Jupiter*	778,3	138.346
H	*Saturn*	1.427	114.632
I	*Uranus*	2.884	50.532
J	*Neptun*	4.509	49.105
	(Pluto)	5.966	2.377

Wäre die Erde ein Sandkorn (durchschnittlich 0,98 mm Durchmesser), dann wäre Pluto gut 400 m von uns entfernt.

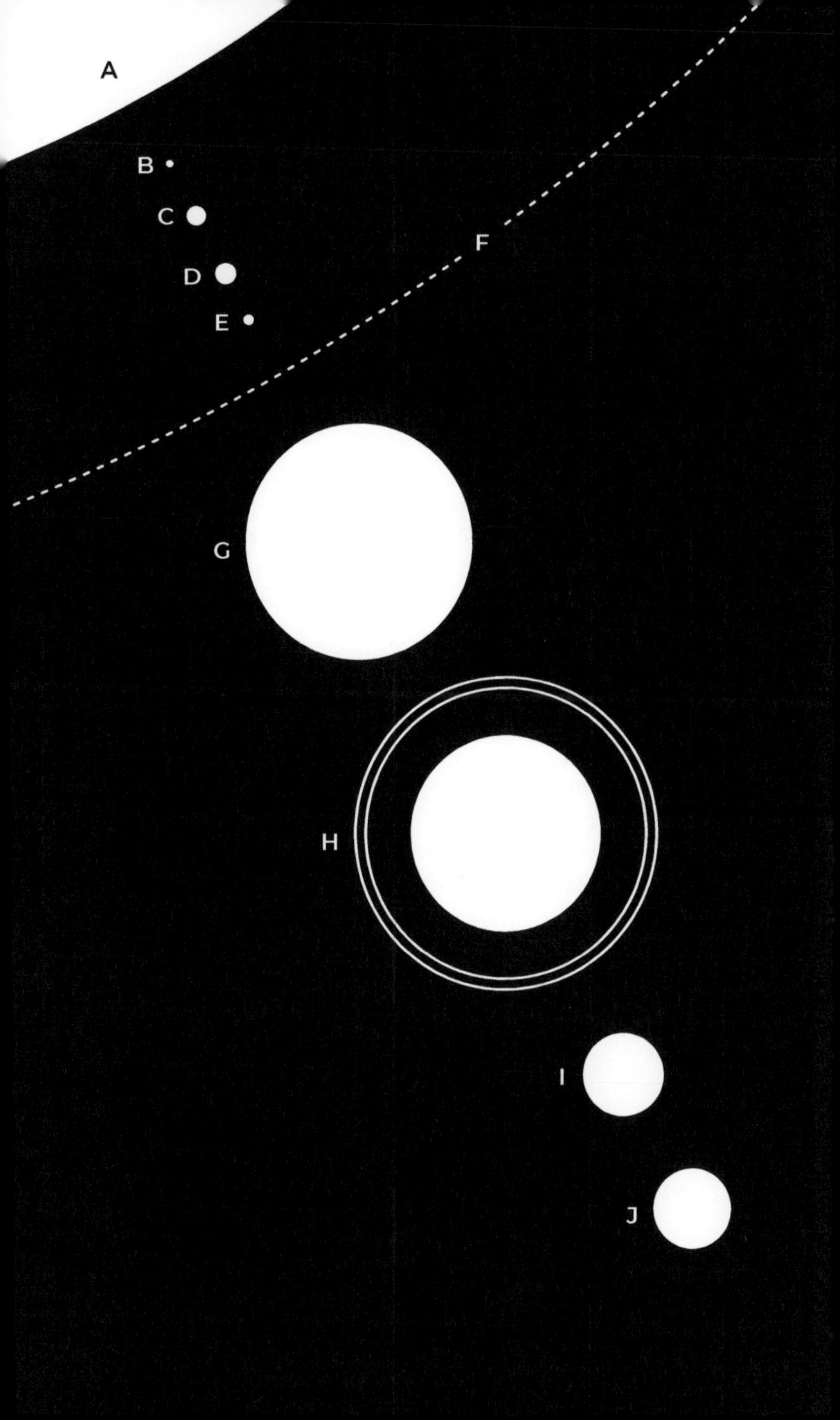
A
B
C
D
E
F
G
H
I
J

12 *Zeitstrahl vom Urknall bis heute* **A – Vor rd. 14 Milliarden Jahren** *Entstehung des Kosmos durch den Urknall. Beginn von Raum und Zeit. Die Frage nach dem Davor ist physikalisch nicht zu beantworten.* **»** *4 Milliardstel Sekunden nach dem Urknall betrug die Temperatur 1 Milliarde Billionen Billionen Grad Celsius.* **»** *1 Millionstel Sekunde nach dem Urknall sank sie auf 10 Tausend Billionen Billionen Grad Celsius. Der Kosmos war noch sehr dicht. In der ersten Phase danach vergrößerte sich der Kosmos auf einen Durchmesser von fast 76 Billionen Kilometern. Die Temperatur sank auf 1.000 Billionen Billionen Grad Celsius.* **»** *100 Sekunden nach dem Urknall betrug die Temperatur 1 Milliarde Grad Celsius. Erste Materieteilchen schlossen sich zusammen.* **»** *400.000 Jahre nach dem Urknall war der Kosmos auf 3.000 Grad Celsius abgekühlt. Es bildeten sich erste beständige Atome. Der Kosmos wurde durchsichtig.* **»** *100 Millionen Jahre nach dem Urknall leuchteten die ersten Sterne.* **»** *1 Milliarde Jahre nach dem Urknall entstanden immer mehr Galaxien.* **B – Vor rd. 4,6 Milliarden Jahren** *Entstehung unseres Sonnensystems mit der Erde und den anderen Planeten. Die Planeten unterscheiden sich durch ihren Abstand zur Sonne, durch die Materie, aus der sie bestehen und durch die Zahl ihrer Satelliten.*

A
Urknall
B
heute

Gegenüberstellung: Der Mensch im Kosmos

Physikalische Fragen und Überzeugungen

Fragen wir unter dem nächtlichen Sternenhimmel einen Physiker, wie viele Sterne es gibt, mag die Antwort lauten: Rund 70 Trilliarden Sterne, eine 7 mit 22 Nullen. Wenn wir zum Himmel schauen, sehen wir mit bloßem Auge nur die Sterne unserer Heimatgalaxie, der Milchstraße. Die Milchstraße besteht nach heutiger Schätzung aus ca. 100 bis 300 Milliarden Sternen. Der Kosmos umfasst mindestens 2 Billionen solcher Galaxien.

Für den Menschen sind der Sternenhimmel und die zu sehenden Sternbilder bei Nacht auch eine Möglichkeit zur Orientierung. Auf der Nordhalbkugel der Erde helfen uns die Sternbilder des großen und kleinen Wagens: Durch die Verbindung der „Klappe“ des großen Wagens mit dem Ende der „Zugstange“ des kleinen Wagens finden wir den nördlichen Polarstern. Auf der Südhalbkugel der Erde ist seit Jahrhunderten das „Kreuz des Südens“ eine Orientierungshilfe für die Seefahrer: Drei leuchtend weiße Sterne an den mittleren Enden und am unteren Ende des Kreuzes und ein etwas schwächer leuchtender Stern am oberen Ende.

Unser Wissen über die Sterne verdanken wir Physikern und Kosmologen. Physiker untersuchen Grundlagen. Dabei finden sie Gesetzmäßigkeiten. Diese verbinden sich zu größeren Zusammenhängen. Kosmologen entwickeln daraus ein Gesamtbild der Entstehung und Dynamik des Kosmos.

Der britische Physiker und Kosmologe Stephen Hawking (1942 – 2018) hat damit sein Leben verbracht. In seinem letzten Buch „Kurze Antworten auf große Fragen“ schreibt er einleitend über sich selbst.

Stephen Hawking ist im Londoner Stadtteil Highgate aufgewachsen. Mit etwa drei Jahren erlebte er da die Endphase des Zweiten Weltkrieges. Nur wenige Häuser vom Haus seiner Eltern entfernt schlug eine Rakete ein. Ein Stück weiter gab es noch jahrelang einen großen Bombenkrater, in dem er mit seinem Freund spielte. Als er acht Jahre alt war, wurde der Arbeitsplatz seines Vaters an den nördlichen Stadtrand von London verlegt in das neu erbaute National Institut for Medical Research. In der High School gaben Klassenkameraden ihm den Spitznamen „Einstein“. Mit einigen Schulfreunden führte er Diskussionen auch über den Ursprung des Kosmos und die Frage, ob zu seiner Erschaffung und Ingangsetzung ein Gott notwendig gewesen sei. Von seinem Vater in seinen Interessen bestärkt, bewarb Stephen Hawking sich 1959 an der Universität Oxford, wo er mit 17 Jahren ein Stipendium zum Studium der Physik und Mathematik bekam. Nach dem Abschlussexamen 1962 konnte er sich um ein Reisestipendium bewerben und fuhr in den Iran. Bald darauf wechselte er zur Universität Cambridge, wo er seine Promotion im Fachbereich Theoretische Astronomie und Kosmologie begann.

In seinem dritten Jahr in Oxford fiel Stephen Hawking mehrmals ohne erkennbaren Grund zu Boden. Nachdem er bald danach in Cambridge erneut gestürzt war, brachten eingehende Untersuchungen das Ergebnis: Es war Amyotrophe Lateralsklerose (ALS). Diese Krankheit ist nicht heilbar und führt zum Tod. Stephen Hawking sah keinen Sinn mehr in der Fortsetzung seiner Promotionsforschung, da er annehmen musste, sie nicht mehr beenden zu können. Dann aber verlangsamte sich sein Krankheitsverlauf, er erlebte jeden neuen Tag als Geschenk und ging wieder begeistert an seine Arbeit. Bei einer Party lernte er Jane kennen. Wie er schreibt, hob sich seine Stimmung, als sie sich verlobten. 1965 heirateten sie. 1967 wurde ihr Sohn Robert geboren, 1970 ihre Tochter Lucy und 1979 ihr Sohn Timothy. Zu den drei Kindern kamen drei Enkel.

1966 hatte Stephen Hawking seine Promotionsarbeit über „Merkmale sich ausdehnender Universen" begonnen. Er war damals erst 24 Jahre. 1974 wurde er zum Mitglied der Royal Society of Science gewählt. Mit 32 war er eins ihrer jüngsten Mitglieder. 1977 wurde er zum Professor berufen. 1979 übernahm er an der Universität Cambridge den Lucasischen Lehrstuhl für Mathematik (Er war 1663 von dem Abgeordneten im Englischen Unterhaus Henry Lucas gestiftet worden). 1669 übernahm Isaac Newton diesen Lehrstuhl für die Gebiete Mathematik und Physik.

Die erste der großen Fragen von Stephen Hawking lautet: *Gibt es einen Gott?* Die meisten gläubigen Menschen stellen sich Gott als Schöpfer des Himmels und der Erde und als ein menschenähnliches Wesen vor, das den Menschen nach seinem Bilde schuf und zu dem sie eine persönliche Beziehung haben. Für Hawking ist diese Annahme höchst unwahrscheinlich. Er weist auf die ungeheure Größe des Kosmos gegenüber der Kleinheit des Menschen und den

Zufälligkeiten seiner Entstehung hin und geht davon aus, dass der Kosmos spontan entstanden ist in Übereinstimmung mit den Naturgesetzen. „Diese Gesetze mögen von Gott erlassen worden sein oder nicht, aber er kann nicht eingreifen, um die Gesetze zu brechen, anderenfalls wären es keine Gesetze“ (Seite 53 seines letzten Buches). Hawking zeigt durchaus Verständnis für gläubige Menschen. Religion spende Trost. Sie gibt Halt und Sicherheit. Seiner Ansicht nach aber lautet die einfachste Erklärung, dass es keinen Gott gibt. Niemand habe das Universum erschaffen und niemand lenke unsere Geschicke. Hawking erinnert jedoch daran, dass wir in den Genen unserer Kinder weiterleben. Dafür sei er außerordentlich dankbar.

Die zweite große Frage lautet: *Wie hat alles angefangen?* Laut Hawking war eine der großen geistigen Revolutionen des 20. Jahrhunderts die Entdeckung der Expansion des Universums. Die Galaxien mussten nach der gegenwärtigen Expansionsrate unvorstellbar eng zusammengestanden haben. Es sehe so aus, als könne das Universum konzentriert auf einen Punkt im Raum angefangen haben. Die Frage, was vor dem Urknall war, kann, wie bekannt, die Physik nicht beantworten. Nach Hawking ist sie so sinnlos wie die Frage, was südlich des Südpols ist.

Die dritte große Frage: *Gibt es anderes intelligentes Leben im Universum?* Bereits 1977 startete die US-amerikanische Raumfahrtbehörde NASA von Cape Canaveral aus die beiden Raumsonden Voyager 1 und Voyager 2. An Bord haben sie Botschaften dabei in der Hoffnung, mögliche Bewohner im All über die Menschheit und die Erde informieren zu können. Die Informationen sind auf besonderen Platten gespeichert. Den Platten sind eine Nadel und eine Anleitung mit Symbolen beigefügt. Nach Grüßen und dem Angebot von Frieden und Freundschaft umfasst der Inhalt der Platten Geräusche von der Erde, ausgewählte Musik und Bildinformationen wie der vitruvianische Mensch von Leonardo da Vinci. Mit Blick auf bestimmte Abnutzungen werden die Sonden wohl etwa 2023 auf der Erde nicht mehr zu empfangen sein. Stephen Hawking äußerte sich in seinem letzten Buch abschließend zu diesem Punkt: „…Wenn anderswo intelligentes Leben wäre, müsste es in großer Entfernung von uns existieren, weil es sonst die Erde schon längst besucht hätte".

Die vierte Frage: *Können wir die Zukunft vorhersagen?* Hawking weist unter anderem auf das Beispiel des Flügelschlages eines Schmetterlings in Australien, der ausschlaggebend sein kann für die Auslösung eines Regengusses in New York. Wenn der Schmetterling das nächste Mal mit den Flügeln schlage, herrsche eine Vielzahl anderer Bedingungen. Dieser Chaosfaktor sei auch ein Problem bei Wettervorhersagen. Auf den Kosmos bezogen laute die Frage: „Erlauben uns die Gesetze des Universums, genau vorherzusagen, was in der Zukunft mit uns geschieht?" Dazu Hawking weiter: „Die kurze Antwort ist nein und ja. Im Prinzip erlauben uns die (physikalischen) Gesetze, die Zukunft vorauszusagen. Aber in der Praxis sind die Berechnungen oft zu schwierig".

Die fünfte große Frage: *Was befindet sich in einem schwarzen Loch?* Zu dieser Frage schreibt Stephen Hawking in seinem letzten Buch sinngemäß, dass schwarze Löcher zu den erstaunlichsten Fakten im Weltraum zählen. Sie wurden 1783 erstmals erwähnt von John Michell, Professor für Naturphilosophie und Geologie an der Universität Cambridge. Um schwarze Löcher zu verstehen, schreibt Hawking, müssten wir mit der Gravitation beginnen. Die Gravitation (von lateinisch gravitas: Schwere) zeigt sich in der gegenseitigen Anziehung von Massen. Sie bewirkt, dass Dinge nach „unten", genauer: In Richtung Erdmittelpunkt, fallen. In unserem Sonnensystem bestimmt Gravitation die Bahnen der Planeten und Monde, im Kosmos die Bildung und das Verschwinden von Sternen und Galaxien. In der klassischen Physik wurde Gravitation von Isaac Newton beschrieben als eine durch den leeren Raum wirkende Kraft. Nach der allgemeinen Relativitätstheorie von Albert Einstein wirkt Gravitation in der vierdimensionalen Raumzeit.

Am 10. 4. 2019 fanden Wissenschaftler den ersten sichtbaren Nachweis eines schwarzen Lochs. Mit Hilfe von acht zusammengeschalteten bodengebundenen Teleskopen an verschiedenen Standorten der Erde gelangen ihnen erstmalig Bilder von einem schwarzen Loch, rund 53 Millionen Lichtjahre von der Erde entfernt. (Ein Lichtjahr ist gleich rund 9,5 Billionen Kilometer). Der bekannte Astrophysiker Harald Lesch bezeichnete in einem gleich am 10. 04. 2019 beim ZDF geführten Interview die schwarzen Löcher als „Rand der erkennbaren Wirklichkeit". Das nun gemachte Foto gehöre zum Großartigsten, was der Kosmos zurzeit anzubieten habe. Die Galaxie M 87, in der die Bilder aufgenommen wurden, besitzt fünfmal so viel Masse wie unsere Heimatgalaxie, die Milchstraße.

Die sechste große Frage: *Sind Zeitreisen möglich?* Zu dieser Frage weist Stephen Hawking auf den 1915 von Albert Einstein veröffentlichten Aufsatz, in dem Einstein zeigte, dass sich Gravitationseffekte beschreiben lassen, indem man von der Annahme ausgeht, die vierdimensionale Raumzeit werde durch die in ihr enthaltene Materie und Energie gekrümmt oder verformt (Allgemeine Relativitätstheorie). Bis 1915 gab es in der Geometrie (Erdmessung) ausschließlich die von Euklid (etwa 365 v. Chr. bis etwa 300 v. Chr.) aufgestellten Grundregeln. Hawking kommt abschließend zu der Feststellung, dass rasche Raumreisen oder Reisen in die Vergangenheit nicht ausgeschlossen werden können. Sie würden allerdings große logische Probleme aufwerfen. Das bekannteste Beispiel ist das Großvaterparadoxon: Ein Zeitreisender reist in die Vergangenheit und tötet seinen Großvater vor der Zeugung seines Vaters. Ohne seinen Vater kann auch der Zeitreisende selbst nicht geboren werden und nicht auf Zeitreise gehen.

Die siebte große Frage: *Werden wir auf der Erde überleben? Wie sieht die schlimmste Bedrohung für die Zukunft dieses Planeten aus?*, fragt Hawking weiter. Er prüft zunächst die Gefahr eines Zusammenstoßes mit einem Asteroiden, kann uns aber damit beruhigen, dass die letzte Kollision, bei der die Dinosaurier ausgelöscht wurden, vor 66 Millionen Jahren stattfand. Eine akute Gefahr sei der Klimawandel, der aus dem Ruder laufe. Hawking weist auf den Anstieg der Meerestemperatur, der das Abschmelzen der Polareiskappen und die Freisetzung großer Mengen von Kohlendioxid verursacht.

Die achte große Frage: *Sollten wir den Weltraum besiedeln?* Stephen Hawking rechnete damit, dass die Menschen in 100 Jahren fähig sein werden, zu anderen Planeten in unserem Sonnensystem zu reisen. Bis in 400 Jahren seien auch weitergehende Rundreisen denkbar. Sie würden allerdings mindestens zehn Jahre, wahrscheinlich sogar sehr viel länger dauern.

Die neunte große Frage: *Wird uns künstliche Intelligenz überflügeln?* Stephen Hawking lehrt uns: Intelligenz ist entscheidend für das, was es bedeutet, ein Mensch zu sein. Die erfolgreiche Hervorbringung künstlicher Intelligenz sei das größte Ereignis in der Geschichte der Menschheit. Dabei sei die wichtigste Frage, wie der Endpunkt des Wettrüstens aussehe. Hawking erinnert an einen Sprecher im Europäischen Parlament, der dazu meinte, wir müssten sicherstellen, dass Roboter im Dienst der Menschheit stehen und bleiben. Abschließend zu der Frage, ob die künstliche Intelligenz uns überflügeln wird, sagt Hawking, unsere Zukunft sei ein Wettlauf zwischen der Macht unserer Technologien und der Weisheit, wie wir davon Gebrauch machen. „Wir sollten sicherstellen, dass die Weisheit gewinnt."

Die zehnte große Frage: *Wie gestalten wir unsere Zukunft?* Wenn Stephen Hawking über Genialität nachdenkt, kommt ihm Albert Einstein in den Sinn. Immer noch stoßen wir im Weltall auf Bestätigungen seiner Aussagen über Zeit, Energie und Materie. Die Wissenschaft verfügt heute über Teilchenbeschleuniger, Supercomputer, Weltraumteleskope und Experimente. Zu Einsteins Zeit gab es diese Mittel noch nicht. Das Schlüsselelement, damit der Geist sein volles Potential erreicht, ist für Hawking die Phantasie. Nach ihm gehören zu den Problemen, die sich in der Zukunft bereits abzeichnen, die globale Erderwärmung, Raum und Ressourcen für die anwachsende Erdbevölkerung, die Ausrottung anderer Arten, der Einsatz erneuerbarer Energiequellen, die Zerstörung der Ozeane und Wälder und die Ausbreitung von Epidemien. Hawking warnt weiter vor der nach wie vor bestehenden Gefahr eines Atomkriegs.

Uns stehe mittlerweile ein technisches Selbstzerstörungspotential zur Verfügung, jedes Lebewesen auf der Erde zu vernichten. Als Optimist aber ermuntert Stephen Hawking uns, niemals aufzugeben. „Gestaltet die Zukunft!"

Nach dem Tode von Stephen Hawking schrieb Peter Vollbrecht in „Ethik heute, Portal für Ethik und Achtsamkeit": „Eine der großen Enthüllungen der

Raumfahrt ist die Perspektive, die wir dabei auf unsere Humanität gewinnen. Wenn wir die Erde aus dem Weltraum betrachten, dann sehen wir die Menschheit als ein Ganzes".

Religiöse Fragen und Überzeugungen

Von den rund 6,9 Milliarden Menschen auf der Welt sind etwa 2,2 Milliarden Christen. Deren gemeinsame religiöse Überzeugung ist der Glaube an Jesus Christus. Das bedeutet „Jesus der Gesalbte". In biblischer Zeit war die Auftragung von Salböl ein Mittel der Heilung und der Weihe. Für Christen ist Jesus der Messias, der Gesandte Gottes, der die Menschen erlöst. Eine Grundlage christlichen Verhaltens und christlicher Ethik bilden nach biblischer Überlieferung die zehn Gebote. Im Alten Testament heißt es, dass der Prophet Moses sie auf dem Berg Sinai von Gott empfangen hat. Im Neuen Testament (Matthäus Kapitel 5–7) lehrt Jesus seine Jünger auf ihre Frage hin, wie sie beten sollen, das Vaterunser. Es wird von Christen aller Konfessionen gebetet.

Etwa 1,1 Milliarden Christen sind römisch-katholisch. Nach ihrer Überzeugung ist der Papst als Oberhaupt der heiligen katholischen Kirche der Nachfolger des Apostels Petrus und Stellvertreter Christi auf Erden. Papst Franziskus sprach in seiner Rede an die Römische Kurie vor Weihnachten 2018 über religiöse Fragen unserer Zeit. Er sagte, das bevorstehende Fest lade uns ein, Christus als Retter der Welt und das Licht des Universums erneut zu verkünden. Er wies

13 *Religiöse Symbole – im Uhrzeigersinn: Christentum, Islam, Buddhismus, Hinduismus, Judentum*

darauf hin, dass Jesus selbst in einer gesellschaftspolitischen und religiösen Situation voller Spannung und Dunkelheit geboren wurde. In unserer heutigen turbulenten Welt gebe es viele Anlässe zur Betrübnis: Viele Einwanderer, die gezwungen sind, ihre Heimat zu verlassen und ihr Leben riskieren auf der Flucht vor Menschen, denen es nur um politische Erfolge und Macht geht. Es wies auf die Kinder, die sterben aufgrund von Wasser- und Nahrungsmangel und auf Menschen, die systematisch gefoltert werden. Streng sprach er auch über das Leid, das viele Minderjährige durch den Missbrauch von Geistlichen und Gottgeweihten erfahren haben und um dessen gerechte Vergeltung und künftige Vermeidung die Kirche seit einigen Jahren ernsthaft kämpft.

Die zweitgrößte christliche Gemeinschaft der Welt sind mit 300 Millionen Angehörigen die orthodoxen Kirchen. Orthodox heißt (alt-griechisch): Die richtige Lehre. Wir finden orthodoxe Kirchen auf dem Balkan, in Griechenland, Kleinasien, Syrien und Russland. Ihre Patriarchen berufen sich auf die Jerusalemer Urgemeinde von Jesus von Nazareth und die nachfolgenden Gemeindegründungen außerhalb Palästinas. Diese Gemeindegründungen führten zu einer zunehmenden Verselbständigung der Lokalkirchen.

Die weltweit drittgrößte christliche Gemeinschaft ist nach Angabe des Lutherischen Weltbundes mit mehr als 74 Millionen Mitgliedern evangelisch. Der Reformator Martin Luther wollte, dass sich die Menschen wieder mehr an den Schriften der Bibel, an den Evangelien, orientieren. Vergebung der Sünden schenkt allein Gott als Gnade. Luther wollte,

14 *Von den einzelnen orthodoxen Kirchen hier die größten mit den Anzahlen der Mitglieder*

	Einwohner gesamt *in Mio., rd.*	**Kirchen-mitglieder** *in Mio.*
1. *Russland*	144	114,1
2. *Äthiopien*	105	47,5
3. *Ukraine*	42	24,4
4. *Rumänien*	19	15,9
5. *Griechenland*	11	10,5
6. *Serbien*	7	5,9
7. *Bulgarien*	7	5,3
8. *Moldawien*	3,6	3,3
9. *Georgien*	3,7	3,1
10. *Usbekistan*	33	3
11. *Eritrea*	5,1	2,4

Einwohner
Mitglieder
1.
2.
3.
4.
5.
6.
7.
8.
9.
10.
11.

dass alle die Evangelien verstehen können. Bei seiner Bibelübersetzung hat er den Menschen „aufs Maul geschaut“ und damit dazu beigetragen dass aus den vielfältigen Dialekten unseres Sprachraums die Deutsche Sprache entstand. Die Evangelische Kirche kennt im übrigen nur zwei Sakramente: Die Taufe und das Abendmahl. Statt eines Zölibates dürfen evangelische Pfarrer heiraten und eine Familie haben.

Nach den Christen sind mit 1,6 Milliarden Mitgliedern die Moslems die zweitgrößte Religionsgemeinschaft auf der Welt. Ein Moslem (arabisch „Muslim“) ist ein Angehöriger des Islam (arabisch „Isläm“). Das Wort Isläm kommt von aslam. Das bedeutet „sich-Hingeben“ (an Gott). Die islamische Religion wurde im 7. Jahrhundert n. Chr. durch den Propheten Mohammed begründet. Nach der religiösen Überzeugung der Angehörigen des Islam hat sich Gott (arabisch „Allah“) dem Propheten offenbart. Die vom Propheten verkündeten Worte sind die Worte Gottes.

Diese Worte sind wiedergegeben im Koran. Der Koran ist die Hauptquelle der Scharia, wie die religiösen und rechtlichen Normen des Islam in ihrer Gesamtheit bezeichnet werden. Die fünf Hauptpflichten des Islam sind:

1. Das islamische Glaubensbekenntnis, dass es keinen Gott gibt außer Allah und dass Mohammed der Gesandte Gottes ist.
2. Das Pflichtgebet bei Sonnenaufgang, mittags, nachmittags, bei Sonnenuntergang und bei Einbruch der Nacht.
3. Die Almosengabe (Almosensteuer).
4. Das Fasten im Ramadan, einmal im Jahr.

5. Die Pilgerfahrt nach Mekka, der Heimatstadt Mohammeds, mindestens einmal im Leben.

Der Begriff „Dschihad“ (arabisch „Anstrengung, Kampf, Einsatz“) wird im europäischen Raum häufig missverstanden und mit „Heiliger Krieg“ übersetzt. Dabei gibt es im Koran keinerlei Begründung oder Rechtfertigung für Terrorismus und Gewalt. Der Islam ist für eine friedliche Welt. Dem entsprechen auch zahlreiche Äußerungen von Aiman Mazyek, dem Vorsitzenden im Zentralrat der Muslime in Deutschland e. V. (ZMD). Im Koran (5,35) heißt es: „Wenn jemand einen Menschen erschlägt, … so ist es, als habe er alle Menschen erschlagen, und wenn jemand einem Menschen das Leben erhält, so ist es, als habe er allen Menschen das Leben erhalten.“

Nach Christen und Moslems sind mit etwa 1 Milliarde Anhängern die Hindus die drittgrößte Religionsgruppe auf der Welt. Der Hinduismus geht zurück in einer 3.000-jährigen Vorgeschichte auf ein als Nomaden lebendes Jägervolk. Heute leben die meisten Hindus in Indien. Etwa 80 Prozent der indischen Bevölkerung sind Hindus. (Etwa 1 Milliarde von rund 1,4 Milliarden Einwohnern).

Als nomadisierendes Jägervolk glaubten die Anhänger des frühen Hinduismus zunächst noch an eine große Vielzahl von Göttern. Dann bildeten sich altindische Idole wie beispielsweise des Sturmgottes Rudra oder des Lichtbringers Wischnu heraus. Daraus hat sich nach heutiger Vorstellung im Hinduismus die Dreiheit von Brahma als Schöpfer, Schiwa als Zerstörer und Erneuerer und Wischnu als Erhalter ergeben.

Aus dieser Vorstellung haben sich die indischen Kasten entwickelt. Diese soziale Schichtung galt als gottgewollt. Der Priesterstand, die Brahmanen, betrachteten sich als aus dem Munde Brahmas stammend. Entsprechend entstammen die nächste Kaste, die Kshatriyas (Adelige und Krieger) aus den Armen Bahmas, die Vaishayas (Bauern, Handwerker, Kaufleute) aus seinen Lenden, die Shudras (Arbeiter, Diener) aus den Füßen. Die Stämme im Süden Indiens, die Parias (Ausgestoßene), wurden nicht einmal der untersten Kaste zugerechnet.

Der bekannteste Kämpfer gegen das Kastensystem war Mahatma Gandhi. Durch die Verfassung von 1949 wurde das Kastensystem offiziell abgeschafft. Doch die alten Strukturen sind weiterhin im Bewusstsein der Menschen geblieben. Im 15. Jahrhundert n. Chr. gründete der Guru (Führer) Nanak Dev eine Reformbewegung des Hinduismus. Seine Anhänger, die Sikhs (Schüler) sind an ihren bunten Turbanan zu erkennen, in die ihr ungeschnittenes Haar kunstvoll eingebunden ist. Man kann sie als Kshatriya-Elite („Kriegerkaste") sehen. Sie leben mehrheitlich in Indien und machen dort rund 2 Prozent der Bevölkerung aus.

Bedeutsam für viele Hindus ist auch immer noch der Glaube an die Seelenwanderung. Er besagt, dass die Seele nach dem Tod in einem anderen Körper weiterlebt. Daraus ergibt sich ein Kreislauf von Tod und immer wieder neuer Geburt. In welchem Körper man jeweils weiterlebt, entscheidet das jeweilige Karma als die Summe der guten und schlechten Taten. Mit jeder neuen Geburt kann man aufsteigen oder absinken. Eine Erlösung aus diesem Kreislauf ist erst möglich durch die Aufnahme in die Welt Brahmas.

Die viertgrößte religiöse Gemeinschaft auf der Welt sind mit rund 500 Millionen Anhängern die Buddhisten. Begründer des Buddhismus war Siddhartha Gautama (563 – 483 v. Chr.). Er lehrte als Buddha (der Erwachte). Sein Vater war regierender Fürst des alten Staates Kapilavastu im nördlichen Indien. Der spätere Buddha wurde mit 16 Jahren mit der Prinzessin Yasodhara verheiratet. Er lehrte die „Erlösung durch Überwindung des Selbst". Dabei ging es um sittliche Läuterung, das „mittlere Maß" und die Kraft des menschlichen Geistes. In Buddhas Lehre gibt es keine Priesterschaft und keinen Gott.

Nach den fünf Buddhistischen Regeln, einer Vorform der Christlichen zehn Gebote, wird empfohlen, sich so zu verhalten, dass man weder für sich selbst, noch für andere Lebewesen Leiden erzeugt und so zu einem glücklichen Leben findet. Das bedeutet im Einzelnen:

1. Keine Lebewesen zu töten oder ihnen Schaden zuzufügen.
2. Nichts zu nehmen, ohne vorher darum zu fragen.
3. Keinen sexuellen Kontakt zu haben, der zu Leiden führt (z.B. mit bereits verheirateten oder liierten Personen oder Minderjährigen).
4. Die Wahrheit zu sprechen (mit der Sprache nicht Anderen oder sich selbst Schaden zufügen).
5. Keinen Alkohol oder andere Substanzen zu sich nehmen, die zu Unachtsamkeit führen.

Die fünftgrößte Religionsgemeinschaft sind mit weltweit rd. 400 Millionen Anhängern die Naturreligionen. Das sind etwa 6 Prozent der Weltbevölkerung. In ihrem

Ursprung gehen Naturreligionen von einer Beseelung der Natur aus. Zu Beginn ihrer Geschichte mögen die Menschen Naturerscheinungen wie Sturm, Blitz und Donner als von angsteinflößenden höheren Mächten gesteuert angesehen haben.

Im Laufe der Jahrtausende haben sich aus den frühen Vorstellungen naturbezogene Religionen entwickelt. Sie werden als ethnische Religionen bezeichnet, da sie im Einzelnen in traditionellen Volksgruppen (Ethnien) entstanden sind. Sie haben keine Religionsstifter und verfügen über keine schriftlichen Lehren. Die Überlieferung erfolgt ausschließlich mündlich und durch die Weitergabe von Bräuchen.

Die Anhänger ethnischer Religionen finden wir beispielsweise in verschiedenen Gebieten von Westafrika, in den verbliebenen Rückzugsgebieten von Südamerika, in den inneren Regionen von Australien, in Laos (Südostasien), in Kuba und in der Volksrepublik China, wo sie etwa ein Fünftel der 1,4 Milliarden Gesamtbevölkerung ausmachen.

Mit 14 Millionen Anhängern bilden die Juden die sechstgrößte Religionsgemeinschaft. Das sind 0,2 Prozent der Weltbevölkerung. 9 Millionen leben davon in Israel. Die verbleibenden 5 Millionen Anhänger der jüdischen Religionsgemeinschaft sind über die Welt verbreitet.

Nach jüdischer Überzeugung hat Moses von Gott am Berg Sinai die zehn Worte an sein Volk, die Israeliten erhalten. Verkürzt: Ich bin dein Gott, der dich aus Ägypten geführt hat. Du sollst neben mir keine andern Götter haben. Du sollst den Namen des Herrn, deines Gottes, nicht missbrauchen. Gedenke des Sabbats, halte ihn heilig. Ehre deinen Vater und deine Mutter, damit du lange lebst in dem Land, das der Herr, dein Gott, dir gibt. Du sollst nicht morden. Du sollst nicht die Ehe brechen. Du sollst nicht stehlen. Du sollst nicht falsch gegen deinen Nächsten aussagen. Du sollst nicht nach dem Haus deines Nächsten verlangen, nach seiner Frau, seinem Sklaven oder seiner Sklavin, seinem Rind oder seinem Esel oder nach irgendetwas, was deinem Nächsten gehört.

Aus dem Text erkennen wir unschwer die Urform der christlichen zehn Gebote. Jesus und die ersten Christen waren Juden. Das Alte Testament der christlichen Bibel entspricht weitgehend der Thora, der Heiligen Schrift der Juden.

Schon zu Jesu Zeiten war das Judentum keine Einheitsgröße, schreibt das Institut für Israelogie (israelogie.de). Auch heute gibt es verschiedene Richtungen. Im Zuge der Entwicklung bildeten sich zwei Hauptstränge. Orthodoxes und liberales Judentum. Von besonderer Bedeutung sind für die orthodoxen Juden die Heilighaltung des Sabbats und die koschere Ernährung. Orthodoxe jüdische Männer tragen stets eine Kopfbedeckung, mindestens eine Kippa. Die besonders streng Orthodoxen erkennt man an schwarzen Hüten, Anzügen und Mänteln. Sie haben Bärte und Locken an den Schläfen. Zwischen das orthodoxe und das liberale Judentum fügen sich später noch die konservativen Anhänger des jüdischen Glaubens ein.

Etwa 55 Millionen Menschen sind Anhänger kleinerer Religionen. Wir finden sie beispielsweise an der ostafrikanischen Küste, in Westafrika, in Südamerika und in Süd- und Ostasien. Neben den dortigen Moslems,

Hindus und Buddhisten bekennen sie sich zu den traditionellen Göttern ihrer Vorfahren.

Etwa 1,1 Milliarden Menschen gehören keiner Religionsgemeinschaft an. Das sind rund 16 Prozent der Weltbevölkerung. Darunter gibt es Atheisten (altgriechisch „ohne Gott“) und Agnostiker (lateinisch „ohne Wissen“). Letztere gehen davon aus, dass wir von der Existenz Gottes nichts wissen.

Wir können, ohne Anhänger einer Religion zu sein, dennoch die Gefühle gläubiger Menschen und religiöse Einrichtungen ehren, beeindruckt von der einzigartigen Schönheit der Welt.

Philosophische Fragen und Überzeugungen

Von den 194 Ländern auf der Welt sind die meisten Mitglieder der Vereinten Nationen (United Nations). Bei ihrem Treffen 10. 12. 1948 in Paris bekannten sich die versammelten Staaten zu den Grundsätzen der Menschentrechte: „Alle Menschen sind frei und gleich an Würde und Rechten geboren.“

Mit den inzwischen 30 Artikeln ihrer Erklärung haben die Vereinten Nationen Regelungen geschaffen, die für alle Mitgliedsstaaten verbindlich sind. Dazu gehören:

Artikel 1 Das erwähnte Recht auf Freiheit, Gleichheit und Solidarität

Artikel 2 Das Verbot der Diskriminierung unabhängig von Hautfarbe, Geschlecht, Sprache, Religion und Überzeugung

Artikel 3 Das Recht auf Leben und Freiheit

Artikel 4 Das Verbot von Sklaverei und Sklavenhandel in allen Formen
Artikel 5 Das Verbot jeglicher Folter
Artikel 6 Anerkennung als Rechtsperson
Artikel 7 Gleichheit vor dem Gesetz

Das Grundgesetz der Bundesrepublik Deutschland vom 23.05.1949 (Artikel 1, Absatz 1) beginnt: „Die Würde des Menschen ist unantastbar. Sie zu achten und schützen ist Verpflichtung aller staatlichen Gewalt." Die Menschenwürde als höchster Wert der Verfassungsordnung ist eine Folge der Zeit des Nationalsozialismus in Deutschland von 1933 bis 1945. In dieser Zeit wurden Juden, Behinderte und andere Volksgruppen nicht als Menschen geachtet, sondern mit einer heute schwer zu begreifenden Grausamkeit als minderwertig misshandelt und vernichtet.

Wenn wir heute einmal von der Grausamkeit von Kriegen, aber auch von Naturkatastrophen, absehen, dann ist das Umfeld, in das ein Mensch hineingeboren wird, im häufigsten Fall die Familie: Ein Kind wächst mit seinen Eltern auf. Dazu kommen bereits vorhandene Geschwister, Großeltern, Onkels und Tanten. Dazu kommen mit der Zeit zunehmend Eindrücke von außerhalb der Familie. Ein wesentlicher Schritt in der Weiterentwicklung ist der Eintritt in einen Kindergarten oder eine Kindertagesstätte. Hier sind lauter etwa gleichalterige Kinder. Sie müssen lernen miteinander auszukommen.

So erleben wir im Kindergarten die erste Form von Bildung. Allgemein werden uns bei der Teilnahme an Bildungsveranstaltungen bestimmte Kompetenzen abgefordert: Wissen, Denken und Kommunikationsfähigkeit. Es geht darum, zu wissen, von was die Rede ist, über Lösungen nachzudenken und schließlich um die Fähigkeit, sich anderen mitzuteilen und die anderen zu verstehen.

Die Bildung unterliegt, wie alle Bereiche unseres Lebens, einem zunehmenden Wandel durch die Digitalisierung (digital von lateinisch „digitus – Finger" als erste Rechenhilfsmittel). Unsere jüngste Generation lernt den Umgang mit Computern parallel zur Muttersprache und zur Kommunikation.

Zu den großen Herausforderungen an uns heutige Menschen gehört die Rettung unserer Erde vor uns selbst. Am 9. 10. 2018 sprach der gekannte Philosoph Richard David Precht im ZDF mit einem der weltweit renommiertesten Klimaexperten, Professor Hans Joachim Schellnhuber darüber, ob die Erde noch zu retten ist. Auf die Frage: „Sehen Sie noch eine Zukunft für Ihren Enkel und dessen Nachwuchs?" kam die prompte Antwort: „Auf jeden Fall!" Die beiden sprachen weiter über unterschiedliche Deutungen des Klimawandels in der Politik bis hin zur völligen Leugnung der menschengemachten Gefahr aus machtpolitischen Interessen. Schellnhuber wies dagegen auf Fakten wie das Abschmelzen des Eises in der Arktis, Veränderungen der Monsunsysteme und das Abholzen des tropischen Regenwaldes. Er wies darauf hin, dass alle Menschen zwei Agenden haben. Die eine betrifft ihre eigenen Wünsche (Auto, Flug in den Urlaub). Die andere ist Teil unserer abendländischen Kultur: Eher auf einen bescheideneren, am Ende wohl glücklicheren Lebensstil gerichtet. Als Umweltschutz werden alle Aktivitäten bezeichnet, welche die Erde als unsere Lebengrundlage erhalten. Dabei können sich Probleme ergeben. Denken wir beispielsweise an Windkraftanlagen. Sie schaffen einerseits wünschenswerte erneuerbare Energien, andererseits fühlen sich Menschen durch sie gestört. Dafür kann man teilweise lokale Lösungen finden. Andere Probleme von Klimawandel und Umweltschutz bedürfen regionaler Übereinkünfte. Nicht zuletzt aber bleiben Klimawandel und Umweltschutz große globale Herausforderungen. Um diese ging es bei der 25. Weltklimakonferenz der Vereinten Nationen (UN) im Dezember 2019 in Madrid. Deutschland hat sich mit seinen europäischen Partnern geeinigt, den Ausstoß an Treibhausgasen erheblich zu verringern.

Wir leben in einer globalisierten Welt: Jeder braucht die Hilfe des Anderen. Politische Egoismen, die nur auf die Interessen des eigenen Landes oder gar auf persönliche Machtinteressen gerichtet sind, stoßen auf gleichartige Interessen anderer. Das erinnert uns daran, dass die atomare Gefahr zwar gegenwärtig als Drohkulisse erscheint, aber damit keineswegs beseitigt ist. Hilfreich bei der Lösung globaler Herausforderungen sind menschlich gestaltete Demokratien mit dem Parlament als gesetzgebender, der Regierung als ausführender Gewalt und einer unabhängigen Gerichtsbarkeit. Unverzichtbar gehören dazu die freie Meinungsäußerung und die Pressefreiheit.

Auch eine Demokratie muss natürlich davon ausgehen, dass in vielen Staaten andere Auffassungen gelten. Sie bedarf einer eigenen Wehrkraft und der Zusammenarbeit mit anderen. Für Deutschland liegt dabei die Zusammenarbeit mit Staaten der Europäischen Union auf der Hand. Die Europäischen Staaten haben sich Jahrhunderte lang in Kriegen zerfleischt. Seit Gründung der Europäischen Union gibt es zwischen den Mitgliedsstaaten der EU keinen Krieg mehr.

Kommen wir von der Erde und dem, was uns da täglich aufs Neue bewegt, zur letzten Frage dieses Abschnitts: Wie ist unser Verhältnis zum Kosmos?

Bei einer Anzahl von vielleicht 100 Milliarden Galaxien, von denen die letzte für uns sichtbare rund 2,5 Millionen Lichtjahre entfernt ist, können wir sagen: Für den Kosmos ist der Mensch ohne Bedeutung. Im Kosmos ist der Mensch einzigartig.

Über den Autor

Paul Meyer hat nach seinem volkswirtschaftlichen Diplom in Soziologie promoviert. Er war vierzig Jahre in der industriellen Personalarbeit tätig, schrieb Fachbücher darüber und leitete Universitätsseminare.

Nach seiner Pensionierung interessierte er sich zunehmend für das Verhältnis von Mensch und Kosmos. Aus der Gliederung seiner Unterlagensammlung ergab sich das Inhaltsverzeichnis dieses Buches.